心一堂術數古籍珍本叢刊

書名：風水正原（初集）
系列：心一堂術數古籍珍本叢刊　堪輿類　第二輯　156
作者：【清】余天藻
主編、責任編輯：陳劍聰
心一堂術數古籍珍本叢刊編校小組：陳劍聰　素聞　鄒偉才　虛白盧主

出版：心一堂有限公司
通訊地址：香港九龍旺角彌敦道六一〇號荷李活商業中心十八樓〇五—〇六室
深港讀者服務中心：中國深圳市羅湖區立新路六號羅湖商業大厦負一層〇〇八室
電話號碼：(852)67150840
網址：publish.sunyata.cc
電郵：sunyatabook@gmail.com
網店：http://book.sunyata.cc
淘寶店地址：https://shop210782774.taobao.com
微店地址：https://weidian.com/s/1212826297
臉書：https://www.facebook.com/sunyatabook
讀者論壇：http://bbs.sunyata.cc/

版次：二零一九年四月初版
平裝

定價：港幣　一百九十八元正
　　　新台幣　七百九十八元正

國際書號：ISBN 978-988-8582-55-6

香港發行：香港聯合書刊物流有限公司
地址：香港新界大埔汀麗路36號中華商務印刷大厦3樓
電話號碼：(852)2150-2100
傳真號碼：(852)2407-3062
電郵：info@suplogistics.com.hk

台灣發行：秀威資訊科技股份有限公司
地址：台灣台北市內湖區瑞光路七十六巷六十五號一樓
電話號碼：+886-2-2796-3638
傳真號碼：+886-2-2796-1377
網絡書店：www.bodbooks.com.tw
台灣秀威書店讀者服務中心：
地址：台灣台北市中山區松江路二〇九號一樓
電話號碼：+886-2-2518-0207
傳真號碼：+886-2-2518-0778
網絡書店：http://www.govbooks.com.tw

中國大陸發行　零售：深圳心一堂文化傳播有限公司
深圳地址：深圳市羅湖區立新路六號羅湖商業大厦負一層〇〇八室
電話號碼：(86)0755-82224934

心一堂微店二維碼

心一堂淘寶店二維碼

心一堂術數古籍 珍本整理 叢刊 總序

術數定義

術數，大概可謂以「推算（推演）、預測人（個人、群體、國家等）、事、物、自然現象、時間、空間方位等規律及氣數，並或通過種種『方術』，從而達致趨吉避凶或某種特定目的」之知識體系和方法。

術數類別

我國術數的內容類別，歷代不盡相同，例如《漢書・藝文志》中載，漢代術數有六類：天文、曆譜、五行、蓍龜、雜占、形法。至清代《四庫全書》，術數類則有：數學、占候、相宅相墓、占卜、命書、相書、陰陽五行、雜技術等，其他如《後漢書・方術部》、《藝文類聚・方術部》、《太平御覽・方術部》等，對於術數的分類，皆有差異。古代多把天文、曆譜、及部分數學均歸入術數類，而民間流行亦視傳統醫學作為術數的一環；此外，有些術數與宗教中的方術亦往往難以分開。現代民間則常將各種術數歸納為五大類別：命、卜、相、醫、山，通稱「五術」。

本叢刊在《四庫全書》的分類基礎上，將術數分為九大類別：占筮、星命、相術、堪輿、選擇、三式、讖諱、理數（陰陽五行）、雜術（其他）。而未收天文、曆譜、算術、宗教方術、醫學。

術數思想與發展——從術到學，乃至合道

我國術數是由上古的占星、卜筮、形法等術發展下來的。其中卜筮之術，是歷經夏商周三代而通過「龜卜、蓍筮」得出卜（筮）辭的一種預測（吉凶成敗）術，之後歸納並結集成書，此即現傳之《易

經》。經過春秋戰國至秦漢之際，受到當時諸子百家的影響、儒家的推崇，遂有《易傳》等的出現，原本是卜筮術書的《易經》，被提升及解讀成有包涵「天地之道（理）」之學。因此，《易・繫辭傳》曰：「易與天地準，故能彌綸天地之道。」

漢代以後，易學中的陰陽學說，與五行、九宮、干支、氣運、災變、律曆、卦氣、讖緯、天人感應說等相結合，形成易學中象數系統。而其他原與《易經》本來沒有關係的術數，如占星、形法、選擇，亦漸漸以易理（象數學說）為依歸。《四庫全書・易類小序》云：「術數之興，多在秦漢以後。要其旨，不出乎陰陽五行，生尅制化。實皆《易》之支派，傳以雜說耳。」至此，術數可謂已由「術」發展成「學」。

及至宋代，術數理論與理學中的河圖洛書、太極圖、邵雍先天之學及皇極經世等學說給合，通過術數以演繹理學中「天地中有一太極，萬物中各有一太極」（《朱子語類》）的思想。術數理論不單已發展至十分成熟，而且也從其學理中衍生一些新的方法或理論，如《梅花易數》、《河洛理數》等。

在傳統上，術數功能往往不止於僅僅作為趨吉避凶的方術，及「能彌綸天地之道」的學問，亦有其「修心養性」的功能，「與道合一」（修道）的內涵。《素問・上古天真論》：「上古之人，其知道者，法於陰陽，和於術數。」數之意義，不單是外在的算數、歷數、氣數，而是與理學中同等的「道」、「理」--心性的功能，北宋理氣家邵雍對此多有發揮：「聖人之心，是亦數也」、「萬化萬事生乎心」、「心為太極」。《觀物外篇》：「先天之學，心法也。……蓋天地萬物之理，盡在其中矣，心一而不分，則能應萬物。」反過來說，宋代的術數理論，受到當時理學、佛道及宋易影響，認為心性本質上是等同天地之太極。天地萬物氣數規律，能通過內觀自心而有所感知，即是內心也已具備有術數的推演及預測、感知能力；相傳是邵雍所創之《梅花易數》，便是在這樣的背景下誕生。

《易・文言傳》已有「積善之家，必有餘慶；積不善之家，必有餘殃」之說，至漢代流行的災變說及讖緯說，我國數千年來都認為天災，異常天象（自然現象），皆與一國或一地的施政者失德有關；下至家族、個人之盛衰，也都與一族一人之德行修養有關。因此，我國術數中除了吉凶盛衰理數之外，人心的德行修養，也是趨吉避凶的一個關鍵因素。

術數與宗教、修道

在這種思想之下，我國術數不單只是附屬於巫術或宗教行為的方術，又往往是一種宗教的修煉手段——通過術數，以知陰陽，乃至合陰陽（道）。「其知道者，法於陰陽，和於術數。」例如，「奇門遁甲」術中，即分為「術奇門」與「法奇門」兩大類。「法奇門」中有大量道教中符籙、手印、存想、內煉的內容，是道教內丹外法的一種重要外法修煉體系。甚至在雷法一系的修煉上，亦大量應用了術數內容。此外，相術、堪輿術中也有修煉望氣（氣的形狀、顏色）的方法；堪輿家除了選擇陰陽宅之吉凶外，也有道教中選擇適合修道環境（法、財、侶、地中的地）的方法，以至通過堪輿術觀察天地山川陰陽之氣，亦成為領悟陰陽金丹大道的一途。

易學體系以外的術數與的少數民族的術數

我國術數中，也有不用或不全用易理作為其理論依據的，如揚雄的《太玄》、司馬光的《潛虛》。也有一些占卜法、雜術不屬於《易經》系統，不過對後世影響較少而已。

外來宗教及少數民族中也有不少雖受漢文化影響（如陰陽、五行、二十八宿等學說。）但仍自成系統的術數，如古代的西夏、突厥、吐魯番等占卜及星占術，藏族中有多種藏傳佛教占卜術、苯教占卜術、擇吉術、推命術、相術等；北方少數民族有薩滿教占卜術；不少少數民族如水族、白族、布朗族、佤族、彝族、苗族等，皆有占雞（卦）草卜、雞蛋卜等術，納西族的占星術、占卜術，彝族畢摩的推命術、占卜術……等等，都是屬於《易經》體系以外的術數。相對上，外國傳入的術數以及其理論，對我國術數影響更大。

曆法、推步術與外來術數的影響

我國的術數與曆法的關係非常緊密。早期的術數中，很多是利用星宿或星宿組合的位置（如某星在某州或某宮某度）付予某種吉凶意義，并據之以推演，例如歲星（木星）、月將（某月太陽所躔之宮次）等。不過，由於不同的古代曆法推步的誤差及歲差的問題，若干年後，其術數所用之星辰的位置，已與真實星辰的位置不一樣了；此如歲星（木星），早期的曆法及術數以十二年為一周期（以應地支），與木星真實周期十一點八六年，每幾十年便錯一宮。後來術家又設一「太歲」的假想星體來解決，是歲星運行的相反，週期亦剛好是十二年。而術數中的神煞，很多即是根據太歲的位置而定。又如六壬術中的「月將」，原是立春節氣後太陽躔娵訾之次而稱作「登明亥將」，至宋代，因歲差的關係，要到雨水節氣後太陽才躔娵訾之次，當時沈括提出了修正，但明清時六壬術中「月將」仍然沿用宋代沈括修正的起法沒有再修正。

由於以真實星象周期的推步術是非常繁複，而且古代星象推步術本身亦有不少誤差，大多數術數除依曆書保留了太陽（節氣）、太陰（月相）的簡單宮次計算外，漸漸形成根據干支、日月等的各自起例，以起出其他具有不同含義的眾多假想星象及神煞系統。唐宋以後，我國絕大部分術數都主要沿用這一系統，也出現了不少完全脫離真實星象的術數，如《子平術》、《紫微斗數》、《鐵版神數》等。後來就連一些利用真實星辰位置的術數，如《七政四餘術》及選擇法中的《天星選擇》，也已與假想星象及神煞混合而使用了。

隨着古代外國曆（推步）、術數的傳入，如唐代傳入的印度曆法及術數，元代傳入的回回曆等，其中我國占星術便吸收了印度占星術中羅睺星、計都星等而形成四餘星，又通過阿拉伯占星術而吸收了其中來自希臘、巴比倫占星術的黃道十二宮、四大（四元素）學說（地、水、火、風），並與我國傳統的二十八宿、五行說、神煞系統並存而形成《七政四餘術》。此外，一些術數中的北斗星名，不用我國傳統的星名：天樞、天璇、天璣、天權、玉衡、開陽、搖光，而是使用來自印度梵文所譯的：貪狼、巨門、祿存、文曲，廉貞、武曲、破軍等，此明顯是受到唐代從印度傳入的曆法及占星術所影響。如星命術中的《紫微斗數》及堪輿術中的《撼龍經》等文獻中，其星皆用印度譯名。及至清初《時憲曆》，置閏之法則改用西法「定氣」。清代以後的術數，又作過不少的調整。

此外，我國相術中的面相術、手相術，唐宋之際受印度相術影響頗大，至民國初年，又通過翻譯歐西、日本的相術書籍而大量吸收歐西相術的內容，形成了現代我國坊間流行的新式相術。

陰陽學——術數在古代、官方管理及外國的影響

術數在古代社會中一直扮演着一個非常重要的角色，影響層面不單只是某一階層、某一職業、某一年齡的人，而是上自帝王，下至普通百姓，從出生到死亡，不論是生活上的小事如洗髮、出行等，大事如建房、入伙、出兵等，從個人、家族以至國家，從天文、氣象、地理到人事、軍事，從民俗、學術到宗教，都離不開術數的應用。我國最晚在唐代開始，已把以上術數之學，稱作陰陽（學），行術數者稱陰陽人。（敦煌文書、斯四三二七唐《師師漫語話》：「以下說陰陽人謾語話」，此說法後來傳入日本，今日本人稱行術數者為「陰陽師」）。一直到了清末，欽天監中負責陰陽術數的官員中，以及民間術數之士，仍名陰陽生。

古代政府的中欽天監（司天監），除了負責天文、曆法、輿地之外，亦精通其他如星占、選擇、堪輿等術數，除在皇室人員及朝庭中應用外，也定期頒行日書、修定術數，使民間對於天文、日曆用事吉凶及使用其他術數時，有所依從。

我國古代政府對官方及民間陰陽學及陰陽官員，從其內容、人員的選拔、培訓、認證、考核、律法監管等，都有制度。至明清兩代，其制度更為完善、嚴格。

宋代官學之中，課程中已有陰陽學及其考試的內容。（宋徽宗崇寧三年〔一一零四年〕崇寧算學令：「諸學生習……並曆算、三式、天文書。」「諸試……三式即射覆及預占三日陰陽風雨。天文即預

定一月或一季分野災祥，並以依經備草合問為通。」

金代司天臺，從民間「草澤人」（即民間習術數人士）考試選拔：「其試之制，以《宣明曆》試推步，及《婚書》、《地理新書》試合婚、安葬，並《易》筮法，六壬課、三命、五星之術。」（《金史》卷五十一・志第三十二・選舉一）

元代為進一步加強官方陰陽學對民間的影響、管理、控制及培育，除沿襲宋代、金代在司天監掌管陰陽學及中央的官學陰陽學課程之外，更在地方上增設陰陽學課程（《元史・選舉志一》：「世祖至元二十八年夏六月始置諸路陰陽學。」）地方上也設陰陽學教授員，培育及管轄地方陰陽人。（《元史・選舉志一》：「（元仁宗）延祐初，令陰陽人依儒醫例，於路、府、州設教授員，凡陰陽人皆管轄之，而上屬於太史焉。」）自此，民間的陰陽術士（陰陽人），被納入官方的管轄之下。

至明清兩代，陰陽學制度更為完善。中央欽天監掌管陰陽學，明代地方縣設陰陽學正術，各州設陰陽學典術，各縣設陰陽學訓術。陰陽人從地方陰陽學肆業或被選拔出來後，再送到欽天監考試。（《大明會典》卷二二三：「凡天下府州縣舉到陰陽人堪任正術等官者，俱從吏部送（欽天監），考中，送回選用；不中者發回原籍為民，原保官吏治罪。」）清代大致沿用明制，凡陰陽術數之流，悉歸中央欽天監及地方陰陽官員管理、培訓、認證。至今尚有「紹興府陰陽印」、「東光縣陰陽學記」等明代銅印，及某某縣某某之清代陰陽執照等傳世。

清代欽天監漏刻科對官員要求甚為嚴格。《大清會典》「國子監」規定：「凡算學之教，設肄業生。滿洲十有二人，蒙古、漢軍各六人，於各旗官學內考取。漢十有二人，於舉人、貢監生童內考取。附學生二十四人，由欽天監選送。教以天文演算法諸書，五年學業有成，舉人引見以欽天監博士用，貢監生童以天文生補用。」學生在官學肄業、貢監生肄業或考得舉人後，經過了五年對天文、算法、陰陽學的學習，其中精通陰陽術數者，會送往漏刻科。而在欽天監供職的官員，《大清會典則例》「欽天監」規定：「本監官生三年考核一次，術業精通者，保題升用。不及者，停其升轉，再加學習。如能黽勉供職，即予開復。仍不及者，降職一等，再令學習三年，能習熟者，准予開復，仍不能者，黜退。」除定期考核以定其升用降職外，《大清律例》中對陰陽術士不準確的推斷（妄言禍福）是要治罪的。《大清律例・一七八・術七・妄言禍福》：「凡陰陽術士，不許於大小文武官員之家妄言禍福，違者杖一百。其依經推算星命卜課，不在禁限。」大小文武官員延請的陰陽術士，自然是以欽天監漏刻科官員或地方陰陽官員為主。

官方陰陽學制度也影響鄰國如朝鮮、日本、越南等地，一直到了民國時期，鄰國仍然沿用着我國的多種術數。而我國的漢族術數，在古代甚至影響遍及西夏、突厥、吐蕃、阿拉伯、印度、東南亞諸國。

術數研究

術數在我國古代社會雖然影響深遠，「是傳統中國理念中的一門科學，從傳統的陰陽、五行、九宮、八卦、河圖、洛書等觀念作大自然的研究。……傳統中國的天文學、數學、煉丹術等，要到上世紀中葉始受世界學者肯定。可是，術數還未受到應得的注意。術數在傳統中國科技史、思想史，文化史、社會史，甚至軍事史都有一定的影響。……更進一步了解術數，我們將更能了解中國歷史的全貌。」（何丙郁《術數、天文與醫學中國科技史的新視野》，香港城市大學中國文化中心。）

可是術數至今一直不受正統學界所重視，加上術家藏秘自珍，又揚言天機不可洩漏，「（術數）乃吾國科學與哲學融貫而成一種學說，數千年來傳衍嬗變，或隱或現，全賴一二有心人為之繼續維繫，賴以不絕，其中確有學術上研究之價值，非徒癡人說夢，荒誕不經之謂也。其所以至今不能在科學中成立一種地位者，實有數因。蓋古代士大夫階級目醫卜星相為九流之學，多恥道之；而發明諸大師又故為惝恍迷離之辭，以待後人探索；間有一二賢者有所發明，亦秘莫如深，既恐洩天地之秘，復恐譏為旁門左道，始終不肯公開研究，成立一有系統說明之書籍，貽之後世。故居今日而欲研究此種學術，實一極困難之事。」（民國徐樂吾《子平真詮評註》，方重審序）

現存的術數古籍，除極少數是唐、宋、元的版本外，絕大多數是明、清兩代的版本。其內容也主要是明、清兩代流行的術數，唐宋或以前的術數及其書籍，大部分均已失傳，只能從史料記載、出土文獻、敦煌遺書中稍窺一鱗半爪。

術數版本

坊間術數古籍版本，大多是晚清書坊之翻刻本及民國書賈之重排本，其中豕亥魚魯，或任意增刪，往往文意全非，以至不能卒讀。現今不論是術數愛好者，還是民俗、史學、社會、文化、版本等學術研究者，要想得一常見術數書籍的善本、原版，已經非常困難，更遑論如稿本、鈔本、孤本等珍稀版本。在文獻不足及缺乏善本的情況下，要想對術數的源流、理法、及其影響，作全面深入的研究，幾不可能。

有見及此，本叢刊編校小組經多年努力及多方協助，在海內外搜羅了二十世紀六十年代以前漢文為主的術數類善本、珍本、鈔本、孤本、稿本、批校本等數百種，精選出其中最佳版本，分別輯入兩個系列：

一、心一堂術數古籍珍本叢刊

二、心一堂術數古籍整理叢刊

前者以最新數碼（數位）技術清理、修復珍本原本的版面，更正明顯的錯訛，部分善本更以原色彩色精印，務求更勝原本。并以每百多種珍本、一百二十冊為一輯，分輯出版，以饗讀者。

後者延請、稿約有關專家、學者，以善本、珍本等作底本，參以其他版本，古籍進行審定、校勘、注釋，務求打造一最善版本，方便現代人閱讀、理解、研究等之用。

限於編校小組的水平，版本選擇及考證、文字修正、提要內容等方面，恐有疏漏及舛誤之處，懇請方家不吝指正。

心一堂術數古籍 珍本/整理 叢刊編校小組

二零零九年七月序

二零一四年九月第三次修訂

同治元年壬戌新鐫

安溪余天藻先生手著

風水正原

重刋安溪地話小引

古語云施葯不如傳方誠以葯之所施者狹而方之所傳者廣醫道如是凡類於醫可以救時弊而回人心者亦莫不如是余少業堪輿數十年中所遇者皆擇法兩家欲求精於形家者百無一人始遇敘州府天藻余老先生於滎邑接滕談心知於形家三折肱矣惜未著書以傳別十餘年後經壁邑讀風水正原初集與安溪地話二集知出先生

手說理辨形明白如話不煩言而　解如讀白傳
詩雖老嫗孺子都能領解實地理辨正後之一善
著作也因板存富井不意兵燹後竟遭回祿一字
無存余再三訪尋幸於壁邑南關外鄧姓處藏有
遺本抄寫難遍何以表先生救世之婆心與半生
攻苦之力學垂諸不朽也儆爰約同善諸君各傾
囊橐共勷盛舉重付棗栗俾先生之書紹楊公之
心傳作形家之要領救一方以救天下救一時以

救萬世則庶乎先生之苦心孤詣不致湮沒余實幸甚斯道幸甚

巴邑南峰劉瑞田謹識

壁邑受業 高培德 張培厚 同訂

光緒五年己卯蒲月 穀旦

璧邑梓人曾級三敬刊

板存川東璧邑

城内禹王廟凡

有印送者自備

紙張不取板貲

風水正原

敘

余道光三年遊泮鎖意科名越次年先祖棄世家中不利時時損丁請地師相祖塋皆云不吉而議論各殊後得陳龍岡先生所說又異余曰道一而論殊何也先生曰地理壞極舉世習卦例予學形家故與人殊予讀書人何不取形家書觀之余痛祖塋不吉人丁有虧鄉薦又不售遂棄科場而習

此學集形家書數十種反覆研求隨師登山觀龍察穴考驗舊坟辨疑問難累月窮年方知形家之是卦例之非整飭祖塋丁口方吉爲父母求地數年不就自知德薄不敢強求時天下刀兵四起惟蜀中無恙大興宣講勸化世人余從許師宣講數年眞心實意苦口勸人自己身體力行作善書六七部俱刻行世而父母之地始成將所見所行筆之於書咸豐九年蜀中有難延至富順余避難三

多寨中續成此書竊思天地之氣原有清濁骸骨塟吉地得清氣產吉人塟凶地得濁氣產凶人吉人多則天下治凶人多則天下亂是天下之壞由人心之壞人心之壞由於地理之壞欲挽迴世道莫如挽迴地理欲挽迴地理莫如積德本正則末端源清則流潔仁人君子上爲父毋下爲兒孫不走錯路多生忠孝廉士不生奸盜邪人永享太平之福矣

四川敘州府文生安溪余天藻自記

咸豐十一年辛酉歲仲冬月穀旦

風水正原集

敘地理

易曰。在地成形。故地理號形家。形者山峙川流。成水火金木土五材之形。天生五材。民並用之。五材者五行也。朱子云。天以陰陽五行之理化生萬物。又曰。俯以察於地理。地理者條理也。山有尖員方曲。水有來去直橫。莫不各有條理。俯察者用目力以察地之條理也。古人升虛望楚。陟巘降原。相其

陰陽觀其流泉自是察山之尖員方曲水之来去直橫羅經不過藉以辨山向便於擇日期相地全不繫乎此也

自唐時一行禪師地理精妙唐命偽造宗廟水法卦倒顛倒五行以滅外國後人趨利改頭換尾富姓假名又偽造數十種謂之法家專講方位大都炫長道短駭智驚愚以取財利大失本来之面目矣庸愚罔覺以訛傳訛見盤針恍動以爲奇物又

病登陟之勞。不如坐談之易。術士便之。主人又便之。習俗相沿。不可救藥。故以形勢論地者百無一二。以方位論地者比比皆然。以為地理之權衡在是矣。

袁守定云。地理之學。愈學愈難。行到老學不到。果如法家看著羅經。算個掌訣。即得真龍真穴。發富發貴。得地如此之易。天下無貧賤人矣。何塟地多而富貴少也。可知法家之非也。故以形勢斷地禍準而福亦準以方位斷地禍準而福不準滿盤皆是禍安得有福耶縱有準者亦必法與形合若法合而形不合斷未有準者今人不察其福不準只見其禍準覆轍相循死而不悔究其弊端大約有二一以法家為父師相傳已久非有上智焉能破俗弊在不明一以形勢論地有憑有則難以愚人利塟家不利術家以方位論地有名無實吉凶無憑易於說誑不利塟家利術家孜孜執其說而不變

弊在挾詐諸先師闢之殆盡。
乃遯而自號理氣家聞其說者以爲彼所談者理
也顧可非耶不知朱子云氣以成形而理亦附焉
理氣即在形勢中無形何理捨勢何氣又有原其
說者謂形勢爲體理氣爲用不知唐虞云積德爲
求地之本地理猶是用耳竊思地理本術數之學
非實非虛大善大惡數不能拘小善小惡術不能
逃孟子曰盡信書則不如無書吾於武成取二三

策而已。吾於地理亦取二三策而已。第一取積德。第二取形勢。以外不取形形勢書多無俟再言。至於積德必躬行孝弟忠信禮義廉恥。與一切濟人利物之事。實實在在方是。若諂媚鬼神。空言無實。則非仙云積善獲吉。積惡招凶。無德之人。不必與之論矣。有德者擇用形家。庶免自誤。

批

地理錯誤千餘年矣。此書忽出。淺見者定是大驚小怪然余苦心考究三十年。地理正轉定是如此特爲有德者計。非爲無德者言。有德者信之。無德者拒之。習假術哄人錢者惡之。冥冥中有主宰不可强。亦不必强也。

弁言

俗言茅屋出公卿定識人家葬好墳惟嶽降神生申甫文宣刪訂有明徵

地凶一定產凶人擾亂江山不太平但看眼前奸賊輩家家都有惡墳塋

風水正原無別心祇求個個葬佳城多生賢士盡忠孝輔佐

皇朝萬萬春

跋

楊曾道晦千餘年舉世堪輿醉夢間應是斯文天
未喪特教此老接眞傳

貢生 竹亭王 吉

跋

形勢山川自古憑栽培心地悟三乘正原一集留
心看可作堪輿暗室燈

廩生 木村朱 夏

跋

山形水勢本常經卦例訛傳假混眞誤盡蒼生誰

文生 勉齋王輔廷

喚醒指迷端賴過來人

受業文生小臣余贊襄跋

此道家君素講之嘗憂卦例誤當時狂瀾既倒誰

能挽正本清原賴我師

目錄

風水正原集

四川敘州府安溪余天藻著
富順縣文生小臣余贊襄校

辨僞

楊曾地理。本是中庸之道。造假術者。以爲平常。不便取利。直欲駕楊曾而上。講易繫以易爲文字之始。其術高矣。又有欲益之而講河洛。更有欲益之而講太極先天。又有謂地理本楊曾是後人耳。吾術高傳自九天玄女又有謂吾術益高傳自玄女之姊又有謂吾術更高傳自玄女之母又有謂玄女猶是人耳吾玄空之術尚未有人高之又高其妄誕如此

更有欲壓倒地理講天星取名挨星世傳楊公九星貪狼巨門祿存文曲廉貞武曲破軍輔弼然貪狼凶名也而以爲吉祿存文曲廉貞吉名也而以爲凶張子微不取九星已有其論然星卦假書多

爭挨星玄空名色以壯其書輔星說他是挨星三合說他是挨星生旺奴洩殺說他是挨星三元說他是挨星又是大玄空欲兼兩樣以外尚多難以枚舉九星用以分水火木金土五行則是若因名色以定吉凶則非不知玄者虛也空者無也本屬虛無作者已微露其意而世人不知其愚昧如此再考催官天星謂夏月納涼天官家談星宿竊而聽之作催官篇凡講天星皆此類也三合謂舟中得異人傳道一同

妄誕如此識破毫無趣味。

詩曰

談星論宿在天廷。豈有凡夫得聽聞。
此是作書來歷處。明人仔細揣其情。
玄是虛兮空是無。顧名已識子虛烏。
如何世上執迷者。尚在紛紛習此書。

凡講天星在天文非無此星。地理用之全是勉强。附會吾見用天星以改坟宅敗絕者百有餘家。决不可信。

闘卦例歌

朱文公云第一要緊看巒頭有了巒頭穴可求若是巒頭不齊整縱合天星也是浮

廖公云卦爲例者誤人多無龍無穴事如何任爾裝成天上卦等閑家計落傾坡

楊公云下穴不裝諸卦例登山何必照羅經又云不論五音諸卦例但求好主對賢賓

諸葛孔明云山川形勢天地生成天星卦例人所

造作豈能以星卦旋轉山川之形勢乎故曰山形
有準卦例無憑
劉伯溫云一行禪師術數精故意僞造卦例經宗
廟五行從此設顛倒用来假混真當初主意滅外
國今反自害中華人嘗覆人家舊祖墳據此水法
断不靈合者人家財產退不合之家反富貴所以
真龍與真穴至今尚存待有德
楊公云山水不問吉凶方吉在凶方亦富强斜側

急流尖直射雖居吉位也衰亡
許亮云何用天星何用卦水金定穴此言差祿馬
貴人催官說到頭終是敗人家水金羅盤也
賴公云內外之水無不迴環內外之山無不拱顧
自成富貴大地不須卦例而亦吉也
溪仙云世傳卦例亂紛紛有凶無吉誤殺人地理
若除形勢外家家都是混談經
堪輿自古號形家離卻山川形字差但藉羅經分

坐向空談方位總虛花。盲師不解君休慍。學士隨聲我獨嗟。欲識楊曾真面目。形書讀罷走天涯。楊曾大道本中庸。卦例爭鳴失正宗。予口嘵嘵非好辨。欲除邪說救愚蒙。

地理者。按地講理。假術在羅盤上講地理。羅盤上無地。安得有理耶。水法者。水之去來要合法。假術在羅盤上講水法。羅盤上無水。安用其法耶。此理明白易曉。而世多執迷不悟。豈非該受假術之害也耶。

習卦例者輙謂有秘訣。却不想天下事。邪術才有秘訣。除邪術外學聖學賢求富求貴都是中庸之道。並無秘訣何獨於地理有秘訣乎謂有秘訣者假術也

又有譏其不知卦例妙用者不知孟天其云予或不知而先賢闢卦例者知否仰觀俯察莫過於孔明伯溫二師而考其所著至寶錄與堪輿寶鏡俱將卦例闢之殆盡此二師尚不知乎噫言至此而

猶信卦例者。無德之家。該受其害也。

一貫堪輿載楊公倒杖法云形勢看定開井只看穴星面上大小八字毬簷合襟看定明白以杖放毬口中上對毬簷下對合襟隨其得何坐向用羅經討出山向便於擇日期耳決不依羅經妄信諸般卦例消水以致坐向歪斜內失生氣外失堂氣有誤大事朱士遠曰俗師認不得形勢全靠羅經胡言亂道欺已瞞人以取針錢殊爲可笑

習卦倒地師

吾鄉夜姓習三合死無葬板一子飄流登姓習三合家傾子亡自看一祠常出逆案余姓習三合兒孫亂倫作賊皇姓習淨陰淨陽改余姓墳數年財盡人絶葬楊姓墳十年死十五人栁姓習三元父墓屢遷有水僧姓習三合立余祖碑十年死十三人立余祠碑八年死族首五人房首十餘人通族財如沙崩在吾鄉盛行一鄉具敗他數年獲數百

金亦數年敗盡以外尚有講天星挨星大小玄空生旺奴洩煞者皆少有結局也

或問三合諸法語太荒謬固不可信至於三元本於大易亦不可信乎不知大易必待卜蓍而後可定吉凶豈如此一定成規可定乎況易者通易變易也如此穿鑿附會亦何事而不可勉強加之

或問少讀書者不知正理固也舉人進士亦學三元天星彼尚不知其非乎余曰通天地人之道曰

儒。儒者之學。中庸博學節註。程子曰。五者廢其一非學地學亦然先求名師登山指示熟識巒頭用五者之功累月窮年且行且學楊曾廖賴仙師學地皆如是而後能精今之貴人淺嘗一書隨聲附和不求進步博學無聲勢高豈肯求教術士審問無讀書人視藝為小道慎思無名望重誰敢面說其非明辨無祇有篤行縱有博學又好談虛理不求實著兼之步履艱難巒頭怠熟縱或登山不過數日豈能累月窮年乎既無五者之功又少兩足之力觀書了然登山茫然識書不識山猶如瞎子一般看如此學地安能造其極哉不能造其極又安能知其是非哉

形家正書

形家書引人易入者如雪心賦六圃地學啖蔗錄地理五十段山洋指迷天機會元入式歌發微論

統一全書撼龍經疑龍經皆言形勢一貫堪輿地學求眞參有法家語擇而用之可也以外形家書尚多自求看之

書有眞假眞書詞語明顯是非得失慷慨直言緊要處反覆詳明恐人不知假書多有禪語不要緊處娓娓而談要緊處半吞半吐怕人盡知其在無知妄作與隨聲附和者無論矣亦有深知地理都不肯開心見腸一部書中旣闢星卦之非又說星

卦之是自相矛盾又有借古人書添星卦在內勉強附會首尾不符凡爲此者因形勢難以愚人星卦可以説誑暗藏機心欲人口傳心授以爲取財地步非眞以星卦爲是也果眞楊曾廖賴之書只有形勢並無星卦間有數語是後人添改訛以傳訛耳善觀書者自能察其微

作穴立向

凡作穴立向無論久葬暫殯俱宜中正不可偏斜坐山要坐中向山要向中不可偏左偏右一有偏龍虎朝案明堂沙水皆斜經云来脉明堂不可偏又云水若斜飛起大災雖佳穴有禍無福矣試觀富貴家其發福之墳定是中正必無歪斜偏側有明徵也葢中者天下之正道堯舜相傳都是一中然中無定體隨時而在一物一太極此形家作穴

法也自法家書出術士認不得山形水勢與山之背面所作之穴多歪斜偏側少有中正者殯穴九歪斜難堪甚至有脚踏山頭指空者往往下地禍生害人不淺再觀今日歪斜偏側之墳只有窮敗並無發富貴者經云驗禍福於正不正者此也葬地要佳人知之至於殯地雖無龍穴定要周正吾見楊姓倒殯半月死二人張姓倒殯一月官非如林自此傾家以外歪斜損財丁者極多

陽宅門向

陽宅首重大門者以大門爲氣口也張宗道云大門者氣口也如人之口正便於呼吸飲食人之門正便於順納堂氣人物出入博山篇云門中正家道成廖公云市居必要傍街衢向首理難拘村居必要龍神落向首隨龍作此正理也或有惡殺當前如巷衢路射等類又宜達權通變趨吉避凶或左或右以開之切不可無故朝来水邊搶水作向

至於向去水方者更無理矣今方位家不知氣口之義誤以遊年星輪數八宅方向少開正門多在左右及兩角此係僞造邪說斷斷不可從也此特舉其一端尚有竹節貫井謬論紛紛難以盡闢智者詳之無惑

門宜正向若依遊年星偏向吾見陳姓門偏左長房絶阮姓門偏右少房絶王姓門偏右出癲婦范姓門偏左貴人旅亡以外尚多

積德詞

唐彪曰古人云求地爲致福之基積德爲求地之本未得地當積德以求之既得地當積德以守之是以後代鼎盛綿遠故陶侃孝而得牛眠滕公賢而得石郭未有無德而得吉穴者

吳文正公云不積德而求地其能得地乎猶不耕而求穫其能有收乎吉地本出富貴然必善事栽培纔發猶肥田本出五穀然必人工耘鋤纔有收

不得地者無論矣得地者不積德而又喪德尚望其發越乎猶肥田不耘鋤而又踐踏尚望其有收乎

汪君遴云種麻得麻種荳得荳心地譬如種子陰地譬如田土種子好雖瘦地未嘗不生種子不好雖肥田肥土未有種草而得荳種稗而得穀也

宋謙父云世人盡知穴在山豈知穴在方寸間好山好水世不欠苟非其人尋不見我見富貴人家

墳往往塟時皆貧賤迨至富貴力可求人事盡時天理變其人積德之人也

存耕錄云踏破鐵鞋無覓處得来全不費工夫牛眠鶴舉雖奇遇祇在方圓寸地圖

溪仙云地理不如天理陰地不如心地行事有天理埋身方有地理為人有心地塟骨方有陰地世世人講地不講天理地即發富貴天要降災殃天管倒地得地其柰天何所謂富貴在天也有陰地無

心地。心地根也。陰地枝葉也。未有根壞而枝葉榮者也。

地理原依天理行。一離天理地無靈。
欲求吉地安親骨。天理良心早早存。
古言陰地不如心。不信但看尋穴人。
平日有虧心地者。何曾塟著一佳城。

積德得地

萬物土中生生人者地也主之者天故曰富貴在天人有一分善天與以一分福有十分善與以十分福然天欲福人必先以吉地與之墳得吉氣綿生吉人而享富貴卜仙云富貴之祖墳必得山川之正氣天所以報有德也榮邑黃壽山生有善心忍讓為人收租百餘石家中嘗減價賣米一升賸少十餘文以濟窮困道光時於隣近通衢捐修數

十里費銀近千宣講起約王簡數人屢捐銀錢刊送善書脩橋檢字丁巳天旱減價賣米數百石所作善事皆真心實意復妥當精詳故人心樂從善事迭興每逢旱年祈雨他在較靈故收穫亦較豐焉二十餘年有功無過非善心純篤者乎然其善事正未有艾平日喜親正人韜光斂跡獨講善事津津有味若決江河余素未覿面咸豐二年一見相親談及風水念切心誠未暇遠遊即於宅近巳

得三台盧鞭數貴穴焉雖余之見德指點未必非天之報善人也然天以吉地報善人必以凶地報惡人欲趨吉以避凶必去惡而爲善求地者知之否耶

地法尋龍自古傳　三台第一次盧鞭
雖然點穴半由我　福報冥冥信有天

黄壽山學三元自扦父地余看不合形勢伊云極合三元葬十七年開看泥蟻滿槨改葬宅左此穴

余上年點也龍自榮梨山起祖平行數節開帳成局起品字三台水木盧鞭又起金泡結單提穴點時伊將信將疑及開穴土色白如鉛粉紅如硃沙滋潤如膩口嘗無沙肌理刷開有太極圈梹榔紋又連修余所點高坎亭鴉雀冲舞龍寺數穴土色皆如此始信形家之是法家之非壽山有大善親閱父墓方信形家今人無善安能不信法家耶凡走錯路不回頭者皆少善之人也

許願求地

吉地者天所以報善人也故求則得之有不得者善事少耳然能補之於臨時天心亦喜歡咸豐六年滎邑王躍潭先生聘余塟父走遍山川不能得地余勸刷勸世庸言善書五百部共二千卷月餘書成交價三日即獲吉地且在自已業内感應之機捷於影響王君曰猶是此業也何前日尋之不見今尋之又見耶余曰今人求地不許善願許又

不還天知人心前日尋之不見者善事少也今日尋之又見者願已還也彼此一笑因笑成詩以彰天之靈驗並爲求地者勸世人未積善於平日又不補之於臨時未得地時或許善願既得地後又不酬還一回爲人誑怕安望下次有靈哉詩云

踏遍峰頭無可扦勸他積德免牽纏善書幾刷二千卷吉地相逢三兩天可見福田宜廣種如何許願不知還從来感應無如此聊作堪輿笑話傳

讓報

俗云公修公得婆修婆得是說福祿也陰地亦然滎邑簡士亮父子皆行善人也咸豐八年請余相地葬妻余點盤龍形頗秀美頭年六月窨陰堆次年三月開蔭堆熱氣湧出如開飯甑樣鑽之裡面皆熱穀有米殼黃蛋心紅如鹽蛋融結蛋內聚氣擊之有聲他喜要修兩棺余說不如修一棺得正穴他說我讓得人正穴讓妻佔我佔旁穴粑住修

一棺封閉十日開塟旁穴熱氣騰騰勝於正穴此亦奇也余按大善塟大地小善塟小地士亮嘗同黃壽山捐錢宣講刋送善書修橋檢字減價賣米皆真心實意出於自然居家九能讓得人食得虧他之善勝於妻故得地亦勝於妻自已頗佔旁穴反得正穴冥冥中有主宰非人所能爲也妻之善小且不能塟夫之大地人全無善豈能塟天之大地耶求地者自思之

夫妻讓穴事希奇　明讓於妻暗不移
自笑堪輿才學淺　不能以術傲神祇

古云天相善人吾于此人見之隣有基地户衆情繁伊屋相間數起釁端不能成就余點穴宅近造動石塊猝然禍起即以基鬻無奈久承知有禍患未幾渠染别禍受飭韜光此亦因之浪平事寢修塋余復視之正穴尚隔丈餘驚曰前看是而今看非何也亮曰前不誤點彼無詞起禍禍不起事不

成事不成則禍終不息可知誤點者非先生目力之差天爲予成事而息禍也兩人大笑陰地陽基一舉兩全非天克相安能如此

夢中得地

卧碑云心善德全上天錫福吾於求地見之滎邑王升庭兄弟孝友與黄壽山同行善事心頗真誠十餘年不倦咸豐六年聘余相地甫到即於宅右得土角流金穴余勸多刷善書一日晨早自許刷勸世庸言善書二百部早飯後即於宅近得土腹藏金穴頗出地隨其靈驗如此更有奇者咸豐八年四月夢與黄壽山在宅近相地余視之果有騎

龍穴頗秀異黄簡王三人善事同善心同故得地亦相同皆在巳業且近於宅較之片善不爲費銀千百卒受假地之害相去何遠也

又咸豐四年四川學政何紹基河南人也其父司農由探花官至侍郎事親孝兄弟和居官清正一生未嘗枉取人財尤喜作善事凡有益於人之事皆竭力爲之歿時求地紹基宿友人家夢白髮人云爾父地在九子嶺醒来不知其處友人引至果

有大地。遂塟焉。余按夢本無憑。有地則可憑矣。大地有神守夢中来告非心善德全神豈来告耶天道好還無施不報欲求吉地者積德行善可也

安親不患無佳城　祇患為人少善行
若到功程圓滿候　夢中得地顯神靈

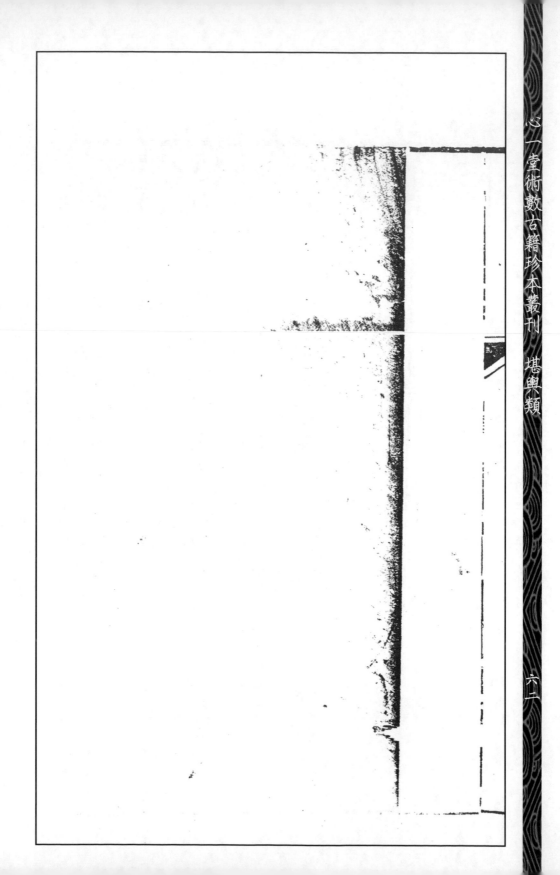

擇名師

求地在積德尤在擇師不擇師雖有德人亦受泥水之害富邑朱進士余業師也為人孝友品行端方作陝西白河朝邑知縣民頌青天善始善終道光廿二年故俗師葬於宅後鬼尾上三年開看有泥有水棺底朽爛師母命余與陳龍岡別尋吉地二年不獲余勸刷金玉滿堂善書三百部暮鼓晨鐘善書三百部兩月卽得兩穴一在長灘河是獅

形。一在貓塘是月形靈驗如此然俗人皆説無地上有陳朝聘説有地修塋兩年冬月開看兩穴皆熱氣薰蒸人可解衣而卧葬後人人又説是大地吾師吉人宜葬吉地前葬凶地者不擇師之咎也别藝分功之淺深此藝分術之眞假真術與假術相隔一毫相去千里其害人不分善惡近来亦有積德之家所求之穴多不妥當皆擇師少一着工夫須遠訪名師求得真術不然難免泥水之患也

村墓原來要擇師　術分眞假有誰知
前車已覆後當鑑　不信良言悔後遲

尤有奇者余未與師擇地前夢師同進士朱偓在余家飲酒命余坐上席余辭不敢師曰要你纔坐得余公然穩坐上席醒來不解以兩進士來家又命坐上席余何敢當至今思之大約是師欲余遷地耳然師歿將二十年余年年夢見數次如受業時何契濶若此師地不美余換之矣朱偓作知府

民歌功頌德地亦欠美惜室遠人遐無由達耳
獅子山壟師地龍是枝中幹至高廟寨起獅形作少祖山跌斷中出脉數節作盡結穴山高聳如活獅形開大帳兩邊重重包裹作纏龍纏至穴前成一大局河水外抱龍身豐肥枝脚長大帶倉帶庫帶旗帶鼓穴前進田筆一支長十餘丈且是石曜逆大溪水席帽作向四山開面局緊機圓開穴現出球子石二個肌理層層刷開土色紅黃碧綠滋

潤如脂膏口嘗無沙有花糕紋氷柳紋起一圈如床形巾包小圓圈四个各寬尺餘穴前遠丈餘有界脉石三重如月形弓抱內外相符美善兼備如此使後人樂善不倦福澤無涯

猫塘師毋地龍遠不述將入局星峯磊落貫器俱備五行齊全穴土星角起金泡銜名土角流金開大面成蛾眉金半月形有光有魄湊合渾圓堂近穴低月光映水內水自左抱右外水自右抱左下

沙尖利。如牛角弓抱穴中。似石非石。似土非土。紋
理如棋盤格。每格方一尺。寬長丈餘。紅如硃。黃如
金。細膩滋潤。口嘗無沙。內外相符。速發地也。如修
天爵定廸前光。
以上二地。俱在富順下北。此穴離仙灘塲八里。獅
子山地離何家塲五里。

師有夙緣

求地在擇師然亦有夙緣故有緣身與之處而一知者亦有偶與之遊而獲大福余所遇有三焉道光時富邑自流井添成井做到地位不見功財門是送水向余令改為朝水向三月卽出水火見大功修造移位井中落銼塞滿久取不出余令復原位數日卽取出水火復來極順遂發大富矣廟溝井陳治平七十餘歲不入財門是送水向余令改

為朝水向雨年即入學恩賜舉人家亦富矣石板田黄達信陽宅是送水向坐數輩人不利余令改為橫水向從此順遂發財矣以外尚多不能如此之速所改之向與方位家水法皆不合故俗師謂余不講水法此即余之水法何以前合方位不利經余撥轉發福如神可知地理在形勢矣然此數處皆偶然遇合即言聽計從余未費力他未費財不知有何緣也所謂緣者平日有善行也若無善

行雖言之未必聽聽之未必從也

此事人人説偶然　偶然之中又偶然
富貴如可偶然得　爲甚人人不偶然

郭景純云風水之法得水爲上藏風次之楊公云山管人丁水管財財欲其來不欲其去得水旺財自然之理余改去水爲朝水故其速發如此近有俗師汪姓不知用何水法與人扦穴向去水者十有八九家家傾敗不堪甚至有絶祀者而俗師猶

盛行不衰。俗師無殺人之心而有殺人之術。抑亦無德之家該受其咎也。

擇師辨訛

俗人不能分別地師之真假謂三人占則從二人之言如一地請三人看二人說是則用說非則不用從多不從少似也而實非名師百不得一安得有多況人心奸險無德之家用不着名師無不謗他將何以辨之問有見識之善人驗其往作則知其目力訪其素行則知其心術聽其言論則知其學問果其目力高心術正學問深不隨聲附和不

枉已從人認人之所不能認出乎常格之外仍在正理之中庶乎得之其本原在積德不然雖得之必失之即如朱秀才薦余與朱進士老師看地有人賄余教點在他葉内余說無地其人向秀才謗余秀才向師母謗余師母說你前日說某人好今又說某人不好說好說歹都是你秀才說我是聽見人說問何人秀才說是某人師母說他的話信不得人要有見識勿聽讒言秀才慚愧而去吾師

得葬吉地者。老師有德。師母。又有見識也。若無德
之家為讒口所奪矣安能成共事哉。

訪得。功深品不凡。　迎之致敬禮為先。
若非積德去讒者。　雖得名師也枉然。
術造於精神鬼忌。　世情不合亦由天。
梁晃醉語我會記。　今日時師後日仙。

師要在形家內擇。今之業此者。非形家亦以為形
家擇之頗難。須要細辨名師。抱道自重。是則是非

則非口與心合盲沿門獻地以射利誇地富貴哄人錢是非顛倒目之所看不合口之所言名師不阿諛逢迎忠言逆耳人多不聽盲師善窺人意挪移遷就人多信從名師不遇於時盲師日不暇給莖不得吉實由于此余故勸人積德能積德每以無心遇之不積德每以常面失之冥冥中有使之者也

地宜擇

古人云陰地不如心地是勸人積德以求地非謂陰地不必擇也如不擇地而葬雖有心地而發福不齊余之東家王某先祖賣米一升讓錢二文又大一合窮人來家買米留食飯一殘不食者送米一碗一生如是此大德也葬地不美財雖發而丁不强半資過繼有德之後且如是若無德者葬此尚想財丁乎又如余之母族朱氏兩科甲發甲者

先世以孝聞墳宅俱有財發科者先世以善聞墳宅俱少財未仕時俱窮僉對親友言看後来驗否後同爲知縣致仕後發甲者致富發科者仍窮一毫不爽考會典所載順治陵距京二十里康熙陵距京四十里雍正乾隆嘉慶道光陵距京百餘里二百餘里俱載縣屬山名聖德如天尚兢兢擇地況士民乎再觀今日田土中破敗之高槨大塚當日富貴人所埜沙飛水走地理全無以致覆宗絕

嗣墳塋莫保。非不信地理者乎。若信地理背塋絕地使自己絕嗣乎世有人謂富是勤儉而積貴由苦讀而來理未嘗不是然必祖墳好蔭出成材子生貴命貴相方能勤儉苦讀若祖墳不好蔭出敗家子生賤命賤相焉能勤儉苦讀乎可知心地體也陰地用也體用相兼其義始備然必擇之於平日方不誤於臨時仁人孝子細思之

古云陰地不如心　明是勸人培本根

若泥此言隨便葬。定知腐骨害兒孫。
荒崗傾覆幾多墳。水走沙飛不合形。
若是認眞尋穴者　肯將絕地作親塋。

形勢宜精

地理號形家山形水勢天地生成非羅經所能轉變今之堪輿上山不離羅經開口便言水法不講形勢謬矣亦有口中講形勢眼睛認不得形勢者俗云學藝不精反害其身青元先生余同窗友也本色為人性喜風水三遷親墓咸豐初年尋得一穴山頗秀麗然是行龍之山非結穴之山玄武不垂頭腰不軟不開面又不開口是個金剛肚書云

有星有抱金剛肚穴飽當代人孤苦主發禍速向上若隱若見主出賊余忠告善道之他疑余想此地不信余言遷遷塟父母七年之內父子五人喪盡外死媳孫二人家益窘迫嗟哉此人皆因少善行形勢不精又自作聰明故受害至此世人未經傳授道聽塗說目中無人自誇海口儼然地仙拿個羅盤蒲山亂挖明眼觀之全未夢見塟下不利一遷再遷愈遷愈不利以致家業式微人丁欠缺者

皆此類也。點穴者可不愼歟。

山形水勢不能精。一試親骸百禍生。

我勸世間尋地者。休將管見作聰明。

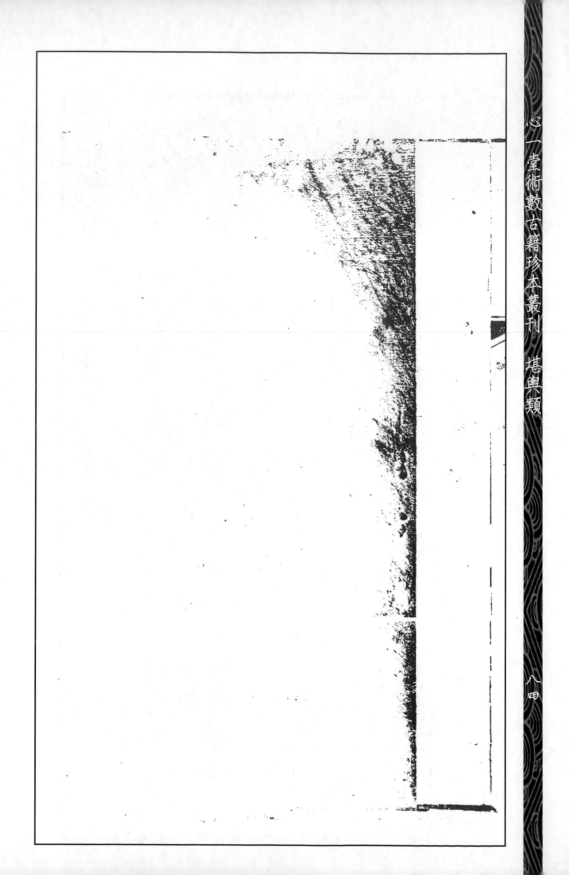

穴宜栽培

天下塟地多發福少者穴不真也穴真土色不同雖地論形勢不區區論土然土色惟愈徵穴之的以余所扦如富邑仙人石戴姓地穴中有魁星獅子山朱姓地穴中有毬子石金星圈又貓塘地有棋盤格黃葛塝王姓地有方圈圓圈皁角冲陳姓地潚井螺螄紋椒栗塝王姓地有棋盤格雷霹石余姓地有太極圈又夾漕塝有天輪影地羊塝余

谷地滿井龜紋又如滎邑李家崖王姓地七星龍穴有七星圍又亂石山地有氷榔紋又猴子凼地有太極圖高山鋪黃姓之三台蘆鞭有穴暈太極圖氷榔紋鵝崖冲之三台龍有太極圓花糕紋高坳墺之交仗穴有黃白紅泥犇龍寺之騎龍穴有五色泥以上諸穴皆細膩滋潤似石非石似土非土紅如硃砂白如鉛粉口嘗無沙又如仆鑼山王姓之凹腦穴水井墺王姓之土角流金穴土腹藏

金穴花金𡊅之金星開口穴。簡家塼簡姓之盤龍穴。以外尚多皆龍眞穴的。與方位家之水法有合有不合。有初塟者有已發福者能加善事培補福不可言。若行惡事禍恐不測。得地者宜自己愛惜毋使地變可也

乾坤吉壤遍山陬。　說到尋龍滿眼愁。
積德方能封鬣馬。　無良那有穴眠牛
天機妄洩譏之過　地德虛投鬼亦憂。

寄語安親得吉者。早培心地上瀛洲。

墳生泥水

壙中生水地之大病根本傷枝葉壞然有地不美生水者亦有地不生水惟人所名者先年有陳王二姓請余看壙據地法皆無水開看陳坟壙中有汗珠半棺材水王坟壙中無氣滿棺材水問其人陳是取人重利者王是淫人婦女者又見一人葬三四處皆坐水用瓦鐔裝起吊在屋簷挑上數月開看仍是有水問其人又是不孝不弟食人害人

者生水之墳余見多矣大半如是此何故哉皆因罪大惡極天神未報於生前地神報之於死後耳此等人雖名師扦地亦難免水泥爲兒孫者多行善事以蓋前愆庶有轉移之日不然難保麥飯無虞矣生前受罪尚有滿日死後受罪永無出期可不戒哉可不戒哉

萬惡惟淫是首愆　爲人一犯罪彌天
因從淫字思其義　水到三重定滿棺

兒孫忤逆罪如山。不恤人言不怕天。
陽律倖逃陰律坐。寒氷地獄泡千年。
貪財日日積愆尤。殁請盲師把地求。
任你天涯都走遍。總之不免水坑頭。
三者之中。犯財關人衆。死後之水關。卽在生之財關。在生打不破財關。死後定不免水關。

德不足

天下求地人多得地人少者德不足也德不足無論不捨財卽捨財亦不能得地不為盲師所迷必為自已所誤以余所見如金星山一地人去錢四百釧冬瓜山一地人去錢五百釧荳子山一地人去錢九百釧松林山一地人去錢一千九百釧獅子河一地人去錢二千五百釧又獲河口一地舉人楚父沙后坪一地舉人楚母高坎崖一地進士

塟父王井河一地進士塟身以上諸地合水法不合形勢講得龍叽明眼觀之則非故敗者多卜仙云吉地為神之所司善人必天之克相與共多用錢買地不如多用錢行善錢多地轉凶善多地自吉貧賤家舊墳多凶富貴家舊墳多吉凶多總出貧賤吉多總出富貴也富貴家新墳多凶貧賤家新墳有吉何者富貴賺貧賤的錢貧賤食富貴的虧天道有循環也塟貧賤人地易看塟富貴人地

難看易看者却得吉難看者恒得凶冥冥中有主宰也發富貴之墳大吉葬富貴之墳大凶以富貴人少行善也不知此理不可求地

莫怪安親吝惜財　盈千累百仍成災
佳城不在財多寡　爲語伊人仔細猜
世上人人尋吉穴　山中處處有凶墳
借問此理知何說　吉地還在等吉人

發家人

發家人難葬吉地此語似刻而是真非家不可發是財不宜過取也古人云發財要漫漫來今人多是欲速放大利滚騙人嫖賭嚼揺明明食人害人者無論矣亦有外面是好人而暗中取財太過如父母面前算計毫末兄弟名下取盡錙銖家業未分而假公積私打夥求財而明瞞暗騙管公事而侵吞爲人謀而私漏買物而太爲圖賤賣貨而過

於取錢做假貨以哄人錢抬高價以欺愚昧和利太重斗秤不平遇凶年而分文不讓見貧苦而一毫不施存心刻薄利已損人如此行事心地已壞陰地何來天理滅亡地理安在即遍處尋求非自作聰明即受人唱哄有修十餘栁而皆生水還六七處而俱生蟻甚有爭論房分此欲抽而彼不肯使你久困水泥生前造罪死受災殃骸骨一壞兒孫有虧生敗產蕩產傾家後人受苦不過欲遷

改而無塟處欲買地而步銀錢四散飄離無人拜掃坟墓已成荒塚受罪無有了期世上狠心取財人幾時想到此步雖不敢謂家家如是然而佗此者亦多吾行此道見過數百餘家久已深為憐惜發家人未犯此病生有榮耀發得佳城可喜可賀若犯此者在生要自己回心多行善事死後要兒孫打救廣積陰功庶幾冤孽可消轉凶為吉不然雖明師亦莫如之何矣

取財太過孽隨身。地下龍神最認眞。
我見興家人幾百。未埋一穴好墳塋。
囊中若有昧心錢。趁早回頭贖往愆。
若到陰曹定罪日。翻棺倒槨悔時難。

地宜善求

勸人積德求地在未求地之前也求地之時尤宜積德要正直公平多存厚道於古今墳宅無碍今之求地者多刻薄寡恩瞞心昧巳傷墳碍宅往往葬下禍生諺云好地不生非生非地不好無好心焉得好地以余所見古姓葬祖傷古墓次年家傾余姓作宅傷古墓人死財亡陳姓葬父碍人宅七年死七人楊姓葬父碍巳穴十年死十人王姓修

宅傷古墓十年死廿八人瓦市修廟傷古墓死百餘人工匠皆死尤有奇者李姓謀王姓地王姓本色不賣李與王之弟買打架角孳牯佳塋了王姓告狀官断兄之地不應弟賣將弟重責断李與兄重買了結案李姓費錢一千餘剷塋下三年死五人折萬金啟開水滿一棺衆人咋舌說報應不爽塋地者各有天良各存厚道勿佔陽宅勿騎祖墳勿傷古塚即不知誤犯不可開看亦必好好封還

或更加培補不然福未至而禍先來師與主皆受其害也

點穴傷人宅與墳　福猶未至禍先臨

陰曾報應難消躲　寄語堪輿學藝人

謀人陰地昧心懷　一塋損人兼折財

無可奈何拈取着　清汪汪水滿棺材

或聞朱子在崇安縣做官有小民謀大姓地刻祖父姓名於石預埋地下具控朱子按據斷與小民

後訪得實登塚嘆曰此地不發是無地理此地若發又無天理是夜雷雨大作化為深潭謀地昧良雷打之宜也今人平日既無德行謀之又不孔臧處處買地又未見雷打何也余曰小民所謀之地有地雷故打之今人所謀之地無地雷何必打余見一富貴家買地七八十穴俱生水蟻殁無塟地可知今人所求之地矣

尅財人

蔣大鴻云占地處處有之求之在人得之在天惟德所名耳無德斷不能得吉地勸人積德求地別樣人易勸惟尅財人難勸隣邑雅齋家富與父俱尅財做事太盡余嘗勸之不聽喜風水用盲師工於謀地買十餘穴水法俱合奈無龍穴何父歿塟於何塆有水遷於高墙有泥遷於河口有水連開十餘壙非有水則有泥勉强塟泥迷子家禍如林

雅齋生腫病亡葬於沙灘四子相繼俱亡只存一孫閑看父子之穴皆水滿棺材家亦式微無穴可遷矣想魁財人斗秤不平行事不公樣樣算盡刻薄成家定然兒孫希少或老來喪亡不然亦是敗家在生已無寧日安望死後安然所以墳生泥八也是後人曉得遷改猶有救更有孝子慈孫不能改者吾鄉王某刻薄成家生三子葬時地師陰對次子說此地二房更佳不可遷改不數年一敗如

灰。二房更甚。余看墳生青苔。知棺中水滿。三房欲遷塟。二房不肯。陰陽口內出真話。故他死記在心頭。想這個陰陽。都是地神遣來斷案的。使他冷冰冰的受罪幾千年也。發財人在生穿皮袍皮套。還要向火籠。怎樣在水中睡得幾千年。尅財人改換心腸可也。

分外銀錢莫強求　只因財出水源頭

在生你是尅他者　死後棺中來報仇

俗人不信德宜修。日請盲師把地求。
天下名山都踏遍。剛剛尋到水坑頭。

積德守地

吳文正公云未得地當積德以求之旣得地當積德以守之是以福澤綿遠若得地者改變初心福去禍卽來余友長元先生得吉地數穴余勸他刊善書請宣講頗入善路若久行不怠定有福報偶因夫妻反目積成過愆宴爾禍來人亡財散家禍不休穴山亦壞真真可惜後人能行善事以蓋前愆尚有轉移之日不然吾不知之矣世人得好墳

宅者不少前人忠厚福祿駢臻後人尖猾宅墓亦變或水冲壞或路走壞或碑立壞或門改壞或塘挑壞或因塩井鑿壞或因煤炭挖壞或信盲師抽壞致生敗產蠢人散財亡者皆因行事不善吉變為凶也卜仙云地理有神桑田變海者此也亦有墳宅未變行事多乖家發凶禍昧者不歸咎於行事之失而歸咎於墳宅之非妄改宅墳所以愈改愈不利也得地者積德以守焉可

人變初心山變形。神顛鬼弄禍如林。
疾呼得吉安親者。永積陰功守宅坟。
亦有人家起禍殃。分明行事有乖張。
心腸不改改坟宅　愈改愈濫莫下塲

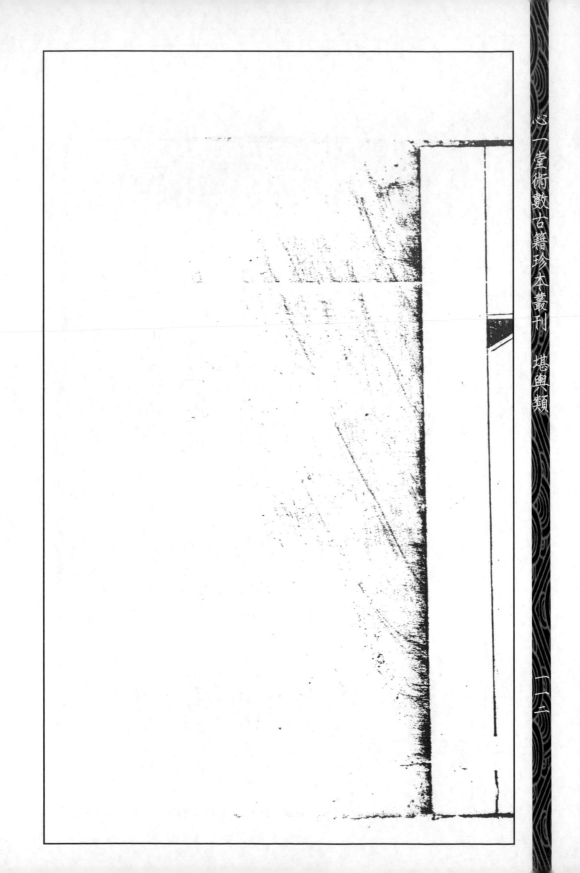

受善言

天下行善事人多受善言人少能受善言必有大福江西富戶紐家好善樂施一年費銀數千行至五輩不發貴亦不發人輩輩單傳請一名師相地師曰爾葉有地可發大福但不知肯聽吾言否紐曰聽命師曰所行善功浩大惜持家太精賣葉出租之輩啼饑號寒未會親見功過參半準折不少紐聽其言利心改輕置葉收租親自經手善事實

在。師以地點之後。葵下數年。第七輩上忽生二子。其父喜多為置妾。生百餘丁。自嘉慶至道光中狀元者三人進士翰林八人舉貢十餘人道光十八年戊戌科狀元紐富保乃七十六子也看來行善不報非天不報功為過折也不遇明人指點前功盡棄矣即有人指點不聽其言亦不能得地可見發福在得吉地行善在受善言世上行善之家不少多是功為過掩不能如紐家之受善言故不能得地耳。

自古為人少十全。家雖積善豈無愆。

紐公富貴陡然發　只在虛懷受善言。

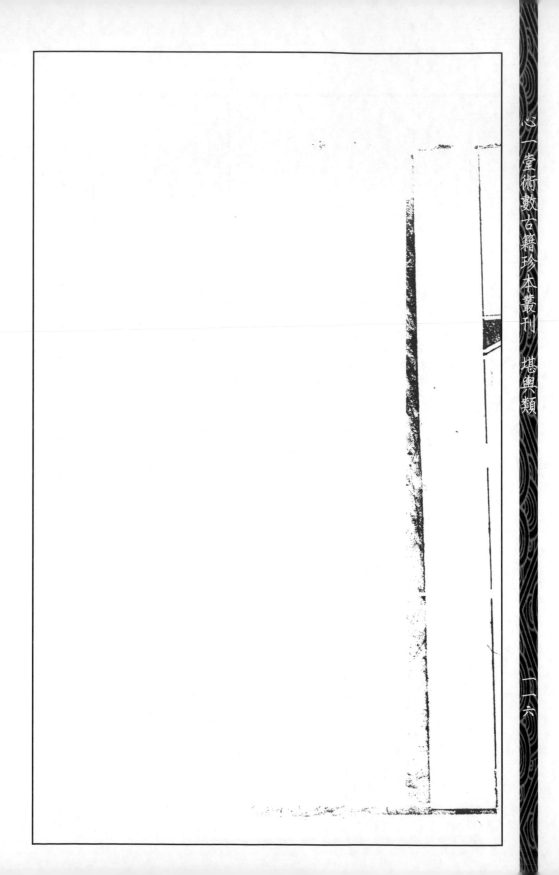

輕利

司馬温公曰貽子孫以財不如貽子孫以德有德自有財無德雖有財不能守尊此語者高於湖南潘公見之家收租三百餘石終其身不制產業屢行善事嘗有言曰今人治家只求家業之大不求家業之久誤矣試觀後人用之如泥沙者皆前人取之盡錙銖生爲貪人死葬惡地災及筋骨禍延子孫財利一關吾豈使他害吾筋骨以害我子孫

哉所以見貧苦則濟之見橫惡則勸之爭地界則
讓之買人物則從厚取人利則從薄有求讓債相
者執事者曰人衆不可開端公曰讓人是善吾聞
惡事不可開端未聞善事不可開端我開端而人
效尤窮人不多沾其惠乎有求讓至再至三鄉人
且為之不平者公曰路人且濟況我生財之人乎
强取我生財人之利以濟路人吾不為也明不讓
而陰讓之生平所為大概如是有一事尤人所難

除夕之夜家獲一賊乃隣家子也問何為作賊賊曰我輸錢十釗竊以還人不願作賊耳公待以酒與錢二十釗勸他為好人越數年公尋地見一穴不知其主至一店見店主即前日所放賊地是他新買也願送公不能辭受之塟下貴人逌生狀元潘世恩道光時為宰相即其孫也大貴猶多福祉未艾想此賊都是潘公善功圓滿天使来試他的心眞不眞潘公不為天試破所以得地也然公之

得地。本原在。取利。輕行。善人。知之。否耶。
作賊之人也報恩。可知作賊非其心。
潘公得地在輕利　琉得良言福滿門。

鵝塘地

語云大地龍神朝暮守不許時師亂開口果然樂乎鱉地名鵝塘有一地仙師各有鉗記廖金精至無從下手盤旋月餘始得其穴記云二龍爭顱勢如何恰似江豚拜浪波四水俱朝龍定下官居上將管山河宋末丞相馬廷鸞慕此地不能識穴請張真人降神批曰吾乃鵝塘之土地丞相問吾求大地相地之人未降生葬地之人未了未丞相曰吾夫人丁未生是此地乎神復批曰此

李國公塋祖母地丞相奸不安分乃止有李姓家世積德作小舟渡人地師梁堯過渡遇雪留要數日款待甚厚酒醉梁大呼曰世上何人能識我今日時師後日仙李曰賜我善地梁曰此間有大地恐公福薄耳李曰吾家累世積德除却天子公侯將相皆可當之命畫字以擇李畫一字於地上梁曰土上加一王字也知其德厚以地指之李曰吾宗姪地恐未易圖彭大雅告其姪不信李以陽基

易之塟其妻後生李英童子時朱洪武起兵黎明
時於田野中前軍報曰虎卧當道上命勿放箭鳴
鼓以進乃一童子上喜曰虎將也育之軍中習兵
畧及長從洪武定天下百戰百勝封西平侯贈王
爵世守雲南李公修德獲報固所宜然神不以地
與丞相無德可知福盡矣看来富貴人更要積德
梁堯認人要擇字我說不必擇字觀其用名師知
其有德用盲師知其無德冥冥中有主宰也欲求

鵠塘也 五十九

吉地者除卻。積德別無法門。

詩曰

李公積德已多年。一壟佳城福澤綿。

可惜姪男無見識。當初不聽名師言。

行道

余以地理救人行道十餘年不受人財師曰君子周急不繼富貧者周之可也富者繼之無益不如取作善事用余者必勸行善見坟宅必斷吉凶有信有不信信者可救不信者不可救也余族名湘者坟宅俱凶余告之將改遇盲師黃姓謂坟宅合水論不必改開坟看壙中乾燥葬四十餘年紬服扯之有聲以為大吉咎余訛言復用盲師修宅兄

對余言余曰大凶之坟不久見禍未幾年父子五人吐血死盡僅存一幼孫兒問坟何以凶余曰地論形勢此龍行而未止穴是山脚純陰無陽煞氣未化無唇非穴無毡少丁沙水斜飛形勢大不合壙宜滋潤濕則水也燥則火也今乾燥有火無水出火症安得不凶又問禍何以速余曰凶坟宅抽出吉修復凶吉凶悔吝生乎動今坟宅俱動安得不速余見如此者數十家今黃師目亦盲矣

近有東某初深信余桐地數穴皆大形大局忽有遠師叩門妄指敗絕之地數穴伊深信不疑余而斥其非但不知可救否噫斯人也而有斯地也惟願余負訛言之罪幸也如余獲知地之名悲夫

余心本欲救貧民　無奈人情善惡分
救得一坟千百失　何曾遂願對楊曾

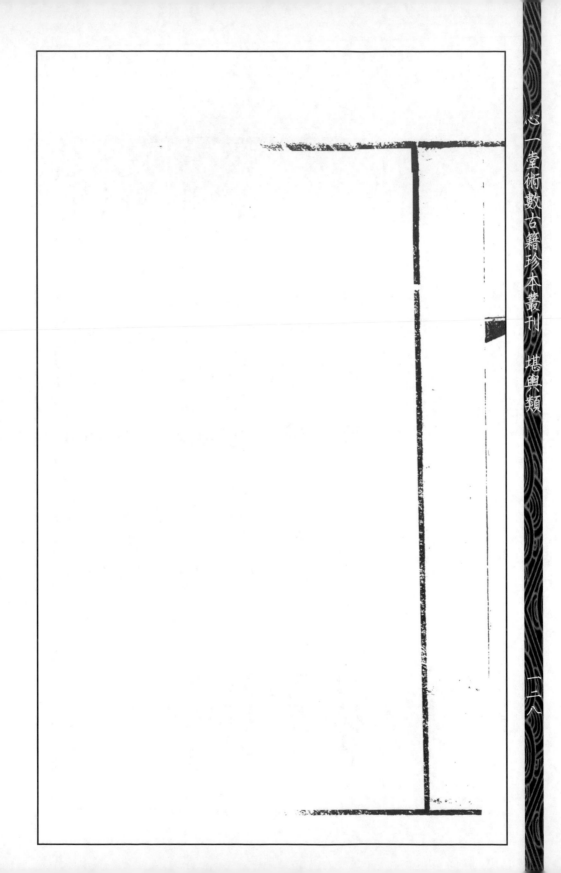

訓後

余因祖塋不吉。習地學。足跡遍寰區。不能得吉。從許師宣講方知求地在積德從此躬行善事真心實意宣講六年作善書七部俱刻行世始獲吉焉。葬余先父母地在富順下比。余家石坦地羊壪離大山鋪十二里龍自尖山拔起峰下殿枝脚長大。帳幕重開將入局頓起玉釜金星作近宗俗名陡笠山端正清奇四面如一連起金星二箇與宗山。

一樣自高而甲名孟仲季直三台第三箇上結穴入首霞帔峽青龍過案玉璜星作向右邊水木星夾耳左邊令字旗火星夾耳水口方太陰太陽星關鎖四山繚抱自成一局穴土五色俱全紅如硃沙白如鉛粉滋潤如豬髓口嘗無沙穴心白泥寬尺許以竹片通之可入七八寸滿井龜紋彩色奪目人隔十餘丈可見記此望我後人觸目警心積德以守也不然恐陵谷亦有變遷之時到手之福

不能享也。謹記謹記。

學地爭龍上為親、求無蟻水穴温温

後人若欲沾餘蔭。培補方圓一寸心

葬余髮妻陳氏及媳史氏地在富順下北响水硐牛兜溝離何家塲二十里龍與地羊塆地同祖將入局落平田起平面金星六箇成兩重品字三台起脈木星二個開微靨結偏曜穴條案二重案外朝山開大面向穴內水小河自右抱左外水大河

自左抱右水口山一重高一重左沙三重右沙三重前沙三重後沙三重俱作纏龍纏過穴前成一大局穴土紅黃滋潤書云凡龍落平脫盡煞氣有陽配陰橫鋪濶展有數里半里數箭之地俱結貴穴後人積德以守可也

不為兒孫積孽錢　寄情馬鬣與牛眠
栽培心地保陰地　勝買人間上上田

雜說

或問上等人不聞講地理子何曉曉乎余曰非也惟上等人方講地理昔太王胥周宇周公卜洛澗衛文相楚邱孔子卜宅兆程子論五患當除朱子上山陵議狀孔明作至寶錄劉伯溫作堪輿寶鏡非上等人乎何以言地理乎

又問擇地安親宜也世俗多言利後似非上智所為余曰上智但知安親語俗人方言利後然不利

後亦不能安親父母骸骨葬吉地得吉氣產吉人享榮華葬凶地得凶氣產凶人受貧賤親之安不安不可見於後人之利不利見之也地法云山水廣大端方出人和平正大忠孝賢良山水逼窄敧斜出人奸詐邪淫行為不義山青水秀出人聰明俊偉儒雅風流山粗水濁出人殘暴愚頑行凶冒險山高水長年高福遠山窮水盡絕嗣覆宗驗之坟宅一一不爽然則安親福後本自然之理又何

嫌焉。
孟天其云。學地理者。一要明師傳授。二要心靈目巧。三要多看仙跡。四要讀書明理。五要專心致志。六要心術端正。方可以言斯道。若無此六者輕視地理。妄言亂行。有誤世人。終害自己。
地理雖壞自唐。然講形勢者猶多。自康熙時原真五訣書出。天下羣焉趨之。只講（假）水法。不講真形勢。認得地者千百中無一二人。蕴得穴者千萬中無

一二坟地理之壞至此而極故人心之壞亦至此而極本原不正人心伊於胡底所望學士大夫講明此道多生忠臣孝子庶人心正而世道隆

人有善不能無惡陰曾要品免除了惡方算善善有大小有多少有真假報應亦因乎其善一毫不差但報應有早遲早則福小遲則福大行善者不必求速效各人真心去做到爐火純青之候自有名師見德指點而受大地之報也

地理有真偽地學有深淺真者中庸平易人所厭聞偽者古怪希奇人易聽信學問深者扦穴嘗真真穴隱微必剩俗眼學問淺者扦穴多假假穴明顯易於賞心俗人不識術之真偽安知學之淺深辨別殊難有德之家可遇真者深者無德之家定遇偽者淺者經云主者當衰盲師投懷主者福壽良師輻輳冥冥中有主宰非人所能為也

俗師相地。認不真形穴。往往祈籤卜卦。以求神斷。吉則用凶則不用似也。卻不想神猶是因乎人善人報以吉惡人報以凶。神豈以吉地與惡人耶。如令人情淺薄求地時。尚作善事得地後遂變初心。死尅銀錢以為得吉地坐享富貴矣殊不知葬吉地要積德方發福若損德還要發禍如出進士之地必德行有十分方出進士若有七八分出舉人。四五分出秀才止矣若德行全無必不發福若又做些損人利己刻薄奸淫之事定然發禍殆遺了大禍謂地不美非也德不足也好比田出穀一石必人工到方出一石若人工欠出八斗更欠出四五斗止矣若人工全無必無收不惟無收還要生些蛇虫蛟人謂田不美非也人工不足也得地者可改變初心不行善事哉但凡所謂德行與並者是指孝弟忠信禮義廉耻與夫一切濟人利物實實在在之事非諂媚鬼神虛渺

無憑空言無實之事也

人不積德無論不能得地即得亦不能葬余相地極嚴非十分不取所取之地余嘗問之名師以為是卜之關帝土神灶神以為是亦有人將余藝問之乩象亦以為是然與人擇吉有信之如神者有全然不信者有始疑終信者有始信終疑者余細按之信之者多是德厚之家疑之者多是德薄之家冥冥中有使之者也故諄諄勸人積德自古地

仙與人擇地都是擇有德之家所作之書多是勸人積德古書俱在試取而觀之

今人多求棺槨好不求地好不知地好有暖氣三寸之棺百年不壞地不好生水蟻吾見百金之棺兩重之槨三年知朽腐又見肯費千金做齋不肯費數金求地雖水滿棺中亦若不惜哀哉

地術果高所扦必刺俗眼當時每非笑之古仙師所為多招謗毀直至後代發福始知其為仙耳江

西通志載托長老扦梓溪劉長者墓鄉人易而笑之而劉氏於此發跡是一鄉之人皆不知也野史載吳白雲獻泗州楊家墩之地於宋室不惟不用且禁錮之其後乃爲明室龍興之基是舉朝之人皆不知也主當擇師之賢師當擇主之德斯道湮微無可與語有道之士卷而懷之可耳

前人積德求地後人發福享富貴者欲彰國寵碑亭牌坊須置遠道世人於墳前大加石器積成殺

曜墳後多伐巨石。戕壞龍身。以致貴人死。家業敗。
不能復興者甚多。書此以爲鑒戒
世人憑斷驗以用地師誤矣。蓋地有理斷有術斷
憑龍穴沙水以斷墳宅吉凶在情理之中有書可
憑。禍福俱準。此可信也。一見墳宅或問山向便說
某年凶某間屋死人某日添丁進財出乎情理之
外無書取質書不可令人見雖有準驗不可信也此等斷
驗。有此是訪問清楚的有此是本於詭訣小說如

入門斷望宅斷望墳斷鬼靈繆透山先隔山照等書與地理毫無關涉如算命之玄觀黃祿所謂斷地靈塋地不靈昧者用以立宅塋墳未有不速敗者也

善人塋吉地發福最速塋凶地發禍稍遲先發福後發禍也惡人塋吉地其福不準塋凶地其禍最靈有禍無福也塋吉坟不吉者前塋有凶墳也凶墳發過吉墳管事則吉矣塋凶墳不凶者前塋有

吉墳也吉墳發過凶墳管事則凶矣一塟即發福者前塟有吉坟又正當發福之時非新坟之發也一塟即敗者前塟有凶墳又正當發禍之時非新坟或又凶也寅塟卯發者財也非貴也貴必得吉墳之氣而後生貴人也有善雖小地亦能大發有惡雖大地仍發禍也

楊公號救貧能使人朝貪暮富今之業此者不能救人並不能救己何也所學非楊公之術楊公之

術在形勢試觀今日發福之坟定合形勢破敗之坟定不合形勢業此者棄邪歸正可也

天理地理缺一不得無天理不能得地理無地理亦不能全天理余見坟宅不佳雖發富貴往往美中不足或富而無子或貴而無財或宦途蹭蹬或富多禍災或子孫不賢或兄弟不和或男女忤逆或少亡孤寡或出姦淫盜賊或福過有災或路死他鄉或驟發驟衰或中途殀折或有始無終或一

發便絕者雖曰人事不善豈非地理域之哉不然何以坟宅有此種沙水家中即有此種禍災也語云天定勝人余謂地定亦能勝人所恃人定以勝天地耳

積德求地因也吾見世人用錢千萬衆善奉行可謂積德矣而所求之穴仍不妥當者何也取財太狠也雖非親身所作而執事所為錢歸於主過亦歸於主許真君云妄取人財佈施無益有說貿易

取財他心甘意願然以富欺貧以强欺弱為你所迫他的心幾時甘意幾時願他吃虧你損德矣行善人慎勿犯此病費錢千萬仍葬水蟻之穴也地理可學不可行不學則委親於盲師人害已行則置人於蟻水已害人庸醫誤一人害一人盲師誤一人害一家甚至害一族關係甚大也沈新周云别樣藝學得幾分行得幾分惟地理必學到十分方可行爭一分行之即有害好比十層紙封鐀

口揭了九層爭一層未揭仍不知鑽中之物地學爭一分未到猶如爭一層紙未揭豈能知地中之物乎今人學形勢者二三分無幾人學卦例者百人無一分視人命如兒戲所以行此道者少結果以其害人多也欲業此者必從形勢入門造到十分地步方可行世若謀衣食生計儘多何必於此自取罪戾也

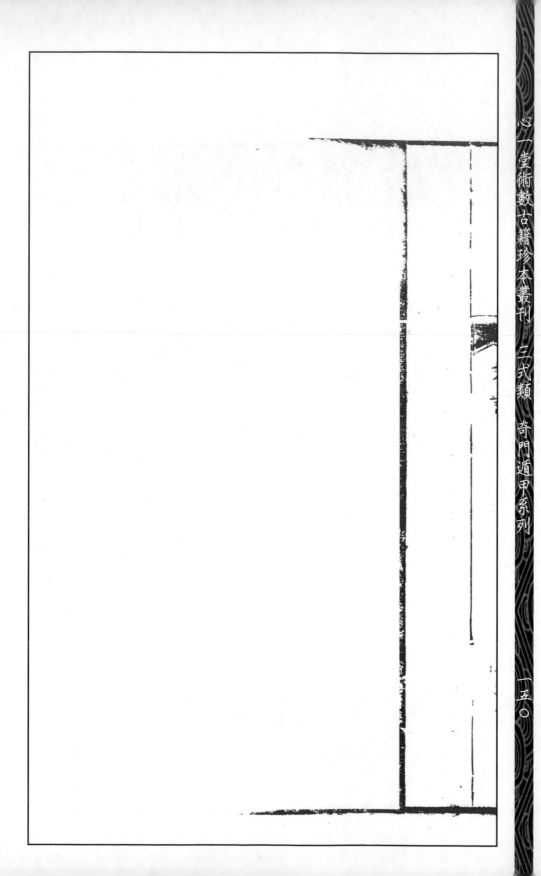

宋世朱子山陵議狀

臣熹竊惟至尊壽皇聖帝聖德神功覆冒寰宇深仁厚澤浸潤生民厭世上賓率土哀慕宜得吉土以奉衣冠之藏垂裕後昆永永無極而山陵之卜累日於茲議論紛紜訖無定說

臣嘗竊究其所以皆緣專信臺史而不廣求術士必取國音坐丙向壬之穴而不博訪名山是以粗略苟簡惟欲附於紹興諸陵之旁不惟未必得其

形勢之善若其穴中水泉之害地面浮淺之虞偏
仄傷破之餘驚動諸陵之慮雖明知之亦不暇顧
羣臣議者又多不習此術所以不能堅決剖判致煩
明詔博訪在廷臣實痛之其敢無辭以對
葢臣聞之葬之為言藏也所以藏其祖考之遺體
也以子孫而藏其祖考之遺體則必致其謹重誠
敬之心以為安固久遠之計使其形體全而神靈
得安則其子孫盛而祭祀不絕此自然之理也是

以古人之葬必擇其地而卜筮以決之不吉則更
擇而再卜焉
近世以來卜筮之法雖廢而擇地之說猶存士庶
稍有財力之家欲葬其先者無不廣招術士博訪
名山參互比較擇其善之尤者然後用之其或擇
之不精地之不吉則必有水泉螻蟻地風之屬以
戕其內使其形神不安而子孫亦有死亡絕滅之
憂甚可畏也其或雖得吉地而葬之不厚藏之不

深則兵戈亂離之際無不遭罹發掘暴露之變此又其所當慮之大者也至於穿鑿已多之處地氣已洩雖有吉地亦無全力而祖塋之側數興土功以致驚動亦能延災此雖術家之說然亦不為無理

若夫臺史之說謬妄多乖以理而言則記有之曰死者北首生者南面皆從其朔又曰葬於北方北首三代之達理也是古之葬者必坐北而向南蓋

南陽而北陰。孝子之心。不忍死其親。故雖葬之於墓。猶欲其負陰而抱陽也。豈有坐南向北。反背陽而向陰之理乎。

若以術言。凡擇地者。必先論其主勢之强弱風氣之聚散水土之淺深穴道之偏正力量之全否。然後可以較其地之美惡。政使實有國音之說。亦必先此五者以得形勝之地。然後其術可得而推。今乃全不論此。而直信其庸妄之偏說。但以五音盡類羣姓。而謂塚宅向背。各有所宜。乃不經之甚者。不惟先儒已力辨之。而近世民間亦多不用。今乃以為祖宗以來。世世守此法。順之則吉。逆之則凶。則姑亦無問其理之何如。且以其事質之。則其謬不攻而自破矣。蓋自永安遷奉以來。已遵用此法。而九世之間。國統再續。靖康之變。宗社為墟。高宗中宗四馬南渡。壽皇復自旁支入繼大統。至於思陵。亦用其法。而壽皇倦勤之後。旋即升遐。太上

違豫日久以致遜位赤山亦用其法而壯邸魏邸
相繼薨謝若曰吉凶由人不在於地不有所廢其
何以興則國音之說自為無用之談從之未必為
福不從未必為禍矣何為信之若是其篤而守之
若是其嚴哉若曰其法果驗不可改易則洛越諸
陵無不坐南而向北固已合於國音矣又何吉之
少而凶之多耶臺史之言進退無據類皆如此試
加詰問必無辭以自解矣

蓋定穴之法譬如針灸自有一定之穴而不可有毫釐之差猶醫者之施砭艾若今日臺史之定宅兆則攻一穴而徧身皆創矣安能得其穴道之主乎。

若果此外別無可求則亦無可奈何而今兩浙數州皆為近甸三二百里豈無一處可備選擇者耶臣自南來經由嚴州富陽縣見其江山之勝雄偉非常。說者又言臨安縣山川形勝寛平邃密即此

以推安知其不更有佳處萬萬者乎
但今偏信臺史之言而不求耳若欲求之臣竊見
近年地理之學出於江西福建者爲尤盛豈無優
於臺史者欲望聖明深察此理即日行下兩浙帥
臣監司疾速搜訪廣行相視得五七處然後遣官
按覆不拘官品但取通曉地理之人參互考校得
一最吉之處然後用之臣本儒生不曉術數非敢
妄以淫巫瞽史之言眩惑聖聰誠不忍以壽皇聖

體之重委之水泉沙礫之中是以痛憤激切一為陛下言之謹錄奏聞伏候勅旨

余按臺史論地以宮商角徵羽五音類盡羣姓塚宅向背以姓為憑各有所宜宗世趙姓音屬角必用坐丙向壬之穴為吉有宋洛越諸陵無不坐南向北以致宗室國家大不吉利其迷謬已極朱子力指其非反覆議論一則曰未必得形勢之善再則曰得形勝之地三則曰見江山之勝雄偉非常

四則曰山川形勝寬平遼密並無一字言及天星理氣三合三元輔星挨星大小玄空水法等卦例者今人不深究形勢專論方位妄信背理不通之卦例等法與臺史之論姓音專論方位無殊是又朱子之罪人也其在乞食之輩不足責矣亦有儒者尤而效之自取禍戾何哉四書五經皆遵朱子安親大事不遵朱子深為嘆惜記此以為讀書明理者鑒焉

宅譜問答邇言

史載漢武帝。聚會占家問之。其日可娶婦乎。五行家曰可堪輿家曰不可天人家曰大吉叢辰家曰大凶太乙家曰。小吉。星命家曰。小凶建除家曰。不利陰符家曰。大利辨訟不决各以狀聞武帝判曰。避諸死忌以五行為主人生於五行者也自當取五行生合之期可見堪輿之青囊叢辰之諸家星命之金符建除之板煞皆異端曲説斷不可用也欽天監衙門。大小官員。晝夜窺擇。訂一時憲書。俾官民知宜忌慎趨避。倘載嫁娶之日。有毫釐舛錯。豈肯通行天下。雍正四年古北口遊擊劉繼鼎十月十三日婚娶提督郭成功參奏奉上諭朕覽曆本所載此日無嫁娶之期。劉繼鼎乃敢肆意妄行。將伊革職交部從重治罪。欽遵在案。科臣奏曆日為天下臣民之本。凡婚娶等事。但觀覽時憲書官本以為選日擇吉之用。私曆通書。含行嚴草在案。何以文武士民尚依通書舊日詭傳。而不遵現今新頒之時憲。自取罪戾也。查通書內嫁娶忌吟神無翹。天寡地寡天雄地雌等類紛紛。妖言惑世誣民。莫此為甚。欽天監合令選擇家摘其謬而闢之。查逐年官書所載嫁娶吉日原不拘此不將之說。通書所載陽將男殤陰將女殤。陰陽俱將男女俱殤。嚇人慣此良辰又忌何公煞卯公煞。何以嫁娶之後不犯陽將而男死者有之不犯陰將而女死者有之。不犯俱將而男女俱死者有之。或謂官書某日嫁娶。奈通書云此日有某凶煞。不無疑惑。不知古人訂曆某日可以制凶畢而拾。祥福者。方下一宜字。絲毫有礙。則刻一不宜字樣。令人趨吉避凶。豈肯以死亡之日為婚娶哉

選擇辨　出雪心賦

楊救貧云。年月要妙少人知。年月無如造命法。蓋造命者。選成四柱八字。干支純粹。成格成局。內藏

補龍扶山相主之義此造命之體也由取日月金水。三奇尊帝紫白。三德及祿馬貴人。此數者乃真正吉星。得二三個。到山到向到宮。自然吉利。又查歲破。戊己。三煞方。陰符。箭刃。月建等煞。盡行退避。不相干犯。乃可為全吉。此造命之用也。至於年方空利。諸事吉日。俱要與欽天監年方曆日相合為妙。萬一不能相合。可依造命通書選成吉日用之可也。今選家不知造命之法。多宗斗首奇門之說。

殊不知斗首之說。一背正五行。與納音五行。二不能扶龍補山相主。三則生尅舛錯吉凶無憑。大不利於造葬之家。殊可恨也。究其弊端。始於唐時。一行銅函經。夫是經之作。一行不過因有指示。故意妙撰。以愚海外者耳。其間倒裝生旺。反用休囚。原不可用。嗣後好奇者。竊取其義。改頭換尾。託名楊公斗首。以神其說。遂致真偽難分。庸愚易惑。反以斗首為精妙。咸相遵從。誤人不淺。此非一行之咎乃訛傳一行者之咎也。至於奇門之説。原為出兵擇吉之用。非為造葬而設也。今一概混用殊為可笑。此畧舉一説以明之。尚有謬論甚多難以盡述。惟在高明者。細閱楊公造命千金歌造命宗旨全書與陰陽保鑑通書及耶律楚材劉伯温監暦則邪正之説。不待辨而自明矣。終。

占筮類			
1	擲地金聲搜精秘訣	心一堂編	沈氏研易樓藏稀見易占秘鈔本
2	卜易拆字秘傳百日通	心一堂編	
3	易占陽宅六十四卦秘斷	心一堂編	火珠林占陽宅風水秘鈔本
星命類			
4	斗數宣微	【民國】王裁珊	民初最重要斗數著述之一；未刪改本
5	斗數觀測錄	【民國】王裁珊	失傳民初斗數重要著作
6	《地星會源》《斗數綱要》合刊	心一堂編	失傳的第三種飛星斗數
7	《斗數秘鈔》《紫微斗數之捷徑》合刊	心一堂編	珍稀「紫微斗數」舊鈔
8	斗數演例	心一堂編	秘本
9	紫微斗數全書（清初刻原本）	題【宋】陳希夷	斗數全書本來面目；有別於錯誤極多的坊本
10-12	鐵板神數（清刻足本）——附秘鈔密碼表	題【宋】邵雍	無錯漏原版 秘鈔密碼表 首次公開！
13-15	蠢子數纏度	題【宋】邵雍	蠢子數連密碼表 打破數百年秘傳 首次公開！
16-19	皇極數	題【宋】邵雍	清鈔孤本附起例及完整密碼表 研究神數必讀！
20-21	邵夫子先天神數	題【宋】邵雍	附手鈔密碼表 研究神數必讀！
22	八刻分經定數（密碼表）	題【宋】邵雍	皇極數另一版本；附手鈔密碼表
23	新命理探原	【民國】袁樹珊	子平命理必讀教科書！
24-25	袁氏命譜	【民國】袁樹珊	
26	韋氏命學講義	【民國】韋千里	民初二大命理家南袁北韋
27	千里命稿	【民國】韋千里	
28	精選命理約言	【民國】韋千里	北韋之命理經典
29	滴天髓闡微——附李雨田命理初學捷徑	【民國】袁樹珊、李雨田	命理經典未刪改足本
30	段氏白話命學綱要	【民國】段方	民初命理經典最淺白易懂
31	命理用神精華	【民國】王心田	學命理者之寶鏡

32	命學探驪集	【民國】張巢雲	發前人所未發 稀見民初子平命理著作
33	澹園命談	【民國】高澹園	
34	算命一讀通——鴻福齊天	【民國】不空居士、覺先居士合纂	
35	子平玄理	【民國】施惕君	
36	星命風水秘傳百日通	心一堂編	
37	命理大四字金前定	題【晉】鬼谷子王詡	源自元代算命術
38	命理斷語義理源深	心一堂編	稀見清代批命斷語及活套
39－40	文武星案	【明】陸位	失傳四百年《張果星宗》姊妹篇　千多星盤命例　研究命學必備
相術類			
41	新相人學講義	【民國】楊叔和	失傳民初白話文相術書
42	手相學淺說	【民國】黃龍	民初中西結合手相學經典
43	大清相法	心一堂編	重現失傳經典相書
44	相法易知	心一堂編	
45	相法秘傳百日通	心一堂編	
堪輿類			
46	靈城精義箋	【清】沈竹礽	沈氏玄空遺珍 玄空風水必讀
47	地理辨正抉要	【清】沈竹礽	
48	《玄空古義四種通釋》《地理疑義答問》合刊	沈瓞民	
49	《沈氏玄空吹虀室雜存》《玄空捷訣》合刊	【民國】申聽禪	
50	漢鏡齋堪輿小識	【民國】查國珍、沈瓞民	
51	堪輿一覽	【清】孫竹田	失傳已久的無常派玄空經典
52	章仲山挨星秘訣（修定版）	【清】章仲山	章仲山無常派玄空珍秘 門內秘本首次公開 沈竹礽等大師尋覓一生未得之珍本！
53	臨穴指南	【清】章仲山	
54	章仲山宅案附無常派玄空秘要	心一堂編	
55	地理辨正補	【清】朱小鶴	玄空六派蘇州派代表作
56	陽宅覺元氏新書	【清】元祝垚	簡易・有效・神驗之玄空陽宅法
57	地學鐵骨秘　附　吳師青藏命理大易數	【民國】吳師青	釋玄空廣東派地學之秘
58－61	四秘全書十二種（清刻原本）	【清】尹一勺	玄空湘楚派經典本來面目 有別於錯誤極多的坊本

62	地理辨正補註　附 元空秘旨　天元五歌　玄空精髓　心法秘訣等數種合刊	【民國】胡仲言	貫通易理、巒頭、三元、三合、天星、中醫
63	地理辨正自解	【清】李思白	公開玄空家「分率尺、工部尺、量天尺」之秘
64	許氏地理辨正釋義	【民國】許錦灝	民國易學名家黃元炳力薦
65	地理辨正天玉經內傳要訣圖解	【清】程懷榮	秘訣一語道破，圖文并茂
66	謝氏地理書	【民國】謝復	玄空體用兼備、深入淺出
67	論山水元運易理斷驗、三元氣運說附紫白訣等五種合刊	【宋】吳景鸞等	失傳古本《玄空秘旨》《紫白訣》
68	星卦奧義圖訣	【清】施安仁	三元玄空門內秘笈　清鈔孤本　過去均為必須守秘不能公開秘密　與今天流行飛星法不同
69	三元地學秘傳	【清】何文源	
70	三元玄空挨星四十八局圖說	心一堂編	
71	三元挨星秘訣仙傳	心一堂編	
72	三元地理正傳	心一堂編	
73	三元天心正運	心一堂編	
74	元空紫白陽宅秘旨	心一堂編	
75	玄空挨星秘圖　附 堪輿指迷	心一堂編	
76	姚氏地理辨正圖說　附 地理九星并挨星真訣全圖　秘傳河圖精義等數種合刊	【清】姚文田等	蓮池心法　玄空六法　門內秘鈔本首次公開
77	元空法鑑批點本——附 法鑑口授訣要、秘傳玄空三鑑奧義匯鈔　合刊	【清】曾懷玉等	
78	元空法鑑心法	【清】曾懷玉等	
79	曾懷玉增批蔣徒傳天玉經補註【新修訂版原（彩）色本】	【清】項木林、曾懷玉	
80	地理學新義	【民國】俞仁宇撰	揭開連城派風水之秘
81	地理辨正揭隱（足本）　附連城派秘鈔口訣	【民國】王邈達	
82	趙連城傳地理秘訣附雪庵和尚字字金	【明】趙連城	
83	趙連城秘傳楊公地理真訣	【明】趙連城	
84	地理法門全書	仗溪子、芝罘子	巒頭風水，內容簡核、深入淺出
85	地理方外別傳	【清】熙齋上人	巒頭形勢、「望氣」「鑑神」
86	地理輯要	【清】余鵬	集地理經典之精要
87	地理秘珍	【清】錫九氏	巒頭、三合天星，圖文並茂
88	《羅經舉要》附《附三合天機秘訣》	【清】賈長吉	清鈔孤本羅經、三合訣法圖解
89－90	嚴陵張九儀增釋地理琢玉斧巒	【清】張九儀	清初三合風水名家張九儀經典清刻原本！

91	地學形勢摘要	心一堂編	形家秘鈔珍本
92	《平洋地理入門》《巒頭圖解》合刊	【清】盧崇台	平洋水法、形家秘本
93	《鑒水極玄經》《秘授水法》合刊	【唐】司馬頭陀、【清】鮑湘襟	千古之秘，不可妄傳匪人
94	平洋地理闡秘	心一堂編	雲間三元平洋形法秘鈔珍本
95	地經圖說	【清】余九皋	形勢理氣、精繪圖文
96	司馬頭陀地鉗	【唐】司馬頭陀	流傳極稀《地鉗》
97	欽天監地理醒世切要辨論	【清】欽天監	公開清代皇室御用風水真本
三式類			
98－99	大六壬尋源二種	【清】張純照	六壬入門、占課指南
100	六壬教科六壬鑰	【民國】蔣問天	由淺入深，首尾悉備
101	壬課總訣	心一堂編	過去術家不外傳的珍稀六壬術秘鈔本
102	六壬秘斷	心一堂編	
103	大六壬類闡	心一堂編	
104	六壬秘笈——韋千里占卜講義	【民國】韋千里	六壬入門必備
105	壬學述古	【民國】曹仁麟	依法占之，「無不神驗」
106	奇門揭要	心一堂編	集「法奇門」、「術奇門」精要
107	奇門行軍要略	【清】劉文瀾	條理清晰、簡明易用
108	奇門大宗直旨	劉毗	天下孤本　首次公開 虛白盧藏本《秘藏遁甲天機》 奇門不傳之秘　應驗如神
109	奇門三奇干支神應	馮繼明	
110	奇門仙機	題【漢】張子房	
111	奇門心法秘纂	題【漢】韓信（淮陰侯）	
112	奇門廬中闡秘	題【三國】諸葛武侯註	
選擇類			
113－114	儀度六壬選日要訣	【清】張九儀	清初三合風水名家張九儀擇日秘傳
115	天元選擇辨正	【清】一園主人	釋蔣大鴻天元選擇法
其他類			
116	述卜筮星相學	【民國】袁樹珊	民初二大命理家南袁北韋 南袁之術數經典
117－120	中國歷代卜人傳	【民國】袁樹珊	